LA CONSTRUCTION

DE

L'HOTEL-DIEU

DE TROYES

PAR

M. ALBERT BABEAU

MEMBRE RÉSIDANT DE LA SOCIÉTÉ ACADÉMIQUE DE L'AUBE
MEMBRE DE LA COMMISSION ADMINISTRATIVE DES HOSPICES DE TROYES

TROYES

IMPRIMERIE ET LITHOGRAPHIE DUFOUR-BOUQUOT
Rue Notre-Dame, 43 et 41

—

1875

LA CONSTRUCTION

DE

L'HOTEL-DIEU DE TROYES

I.

A la fin du dix-septième siècle, les bâtiments de l'Hôtel-Dieu de Troyes, fondé par les Comtes de Champagne, tombaient en ruines. Construits pour la plupart en bois, ils s'étendaient le long du bras de la Seine, appelé le ru Cordé, entre la rue de la Cité et la rue de la Cave-Percée, qui les séparait de l'ancien palais des Comtes. Dominés du côté du midi par cet édifice massif, les uns s'appuyaient au levant contre le terre-plein des anciens remparts; les autres s'élevaient sur des piliers à demi-vermoulus, du côté de la rue de la Cité; d'autres s'alignaient sur le bord du cours d'eau sur cent cinquante-sept pieux pourris et usés (1). Sur le terreplein s'élevait une motte de terre qui dominait les maisons

(1) D'après le plan de 1679, que M. Boutiot a bien voulu me communiquer, les principaux bâtiments s'étendaient parallèlement au bras de la Seine, et étaient juxtaposés. Le plan de 1697 indique un bâtiment en équerre, allant du S.-O. au N.-S., à peu près sur l'emplacement de la cour actuelle.

d'alentour, et avec laquelle les Comtes de Champagne communiquaient par une galerie située sur une arcade traversant la rue de la Cave-Percée. D'après une tradition populaire, que rien jusqu'ici n'a confirmée, les Comtes auraient défendu d'élever les maisons de la ville au-dessus du niveau de cette butte, à moins qu'on ne leur payât un droit considérable; et ceux qui répétaient cette tradition ne manquaient pas de dire que ces princes « vendaient l'air (1). »

C'était au pied de cette butte qu'était située la salle des hommes. On ne peut, sans un sentiment de tristesse et de répulsion, lire la description qu'en traça le subdélégué de l'intendant de Champagne lorsqu'il la visita, le 26 avril 1700. Elle était en contre-bas du sol (2), longue de 90 pieds, large de 25, éclairée seulement par des faux-jours dans la toiture, à 27 ou 28 pieds de haut, et par cinq fenêtres situées à l'une de ses extrémités du côté du nord; mais ces fenêtres « étaient offusquées tant par une galerie intérieure que par les bâtiments contigus, » qui étaient fort élevés. Au levant était un mur en pierre, derrière lequel le terrain montait à 14 et à 15 pieds. Ce mur menaçait ruine, et depuis quinze ans il avait fallu l'étayer par sept rangs de doubles bourdons en grandes pièces de charpente, qui s'appuyaient contre un pan de bois formant la paroi opposée de la salle. A l'extrémité opposée aux fenêtres, on montait par un escalier de vingt-deux marches à la chapelle dédiée à saint Barthélemy, et l'on descendait par un escalier de six marches dans une chapelle inférieure construite en pierre, où l'on déposait les morts pendant le service divin.

---

(1) BAUGIER. *Mémoires historiques de la province de Champagne,* I, p. 240. — Duhalle affirme, vers 1760, qu'on voyait encore, quelques années auparavant, cette terrasse ou motte de terre. Manuscrit de la Bibliothèque de Troyes, n° 2545.

(2) Le procès-verbal du subdélégué dit que la salle est « plus basse de quatre pieds qu'une cuisine, réfectoire et autres bastiments qui sont à main gauche. »

Cette salle de malades inspirait les plus tristes impressions. Le soleil n'y paraissait jamais, et l'on croyait en y entrant pénétrer dans une cave. « Ceux mêmes qui sont en parfaite santé, disait-on, sont saisis d'une extrême fraischeur quand ils y entrent, et ne peuvent y rester quelque temps sans être incommodés... La salle, disait le médecin ordinaire, M° Jean Gauthier, est extraordinairement malsaine et d'une humidité si grande que les malades n'y peuvent que très-difficilement recouvrer leur santé. Le mauvais air a même en partie causé la mort de plusieurs de ceux qu'on y a mis, et des flux de ventre et des rhumatismes à ceux qui en sortent convalescents... ils y contractent ordinairement une sorte de gale plus pernicieuse que le mal pour lequel ils étaient venus... » Que l'on ajoute à l'obscurité, à l'humidité, à l'aspect lugubre de cette salle, l'état de délabrement des lits, dans chacun desquels on mettait jusqu'à quatre malades à la fois, et l'on concevra la répulsion et l'horreur qu'elle inspirait à la population. Elle avait donné à cette salle, que l'on disait avoir servi d'écurie aux chevaux des Comtes de Champagne, le nom caractéristique de Salle des Vingt-Quatre Heures, parce que l'on pensait « qu'on ne pouvait vivre plus longtemps dans un lieu aussy malsain (1). »

Une installation hospitalière aussi déplorable n'était-elle pas un anachronisme à la fin d'un siècle, où sans doute les misères avaient été grandes, mais où l'on avait construit, pour les abriter, des édifices tels que l'hôpital Saint-Louis, Bicêtre, la Salpêtrière et l'hôtel des Invalides ? Les directeurs du Bureau des hôpitaux de Troyes comprenaient depuis longtemps la nécessité de substituer aux constructions barbares du moyen âge des bâtiments plus solides, plus sains et plus aérés. L'ancien évêque Bouthillier de Chavigny, qui avait donné en 1697 sa démission en faveur de son neveu,

---

(1) Procès-verbal du subdélégué, articles concernant le nouveau bâtiment. Arch. de l'Aube, C. 1894.

appuya de son zèle et de son crédit les projets des directeurs. Ceux-ci s'adressèrent à l'intendant, qui fit visiter les bâtiments existants par son subdélégué, Comparot de Longsols. Le résultat de sa visite ne pouvait être douteux pour la salle des hommes. Le subdélégué conclut qu'il était « absolument nécessaire de bâtir une autre salle, plus élevée et de meilleure exposition, dans l'enceinte dudit hôpital, très-spacieux pour ce sujet. »

Pour subvenir aux frais de cette construction, il était nécessaire de trouver des fonds. L'administration des hôpitaux avait des charges considérables. L'Hôtel-Dieu devait recevoir, non-seulement les malades et les blessés de la ville, mais aussi les passants « de tous sexes, de tous âges, de toutes religions et de tous pays, malades ou blessés ; les soldats, aussy malades ou blessés pendant les garnisons et quartiers d'hiver, et dans leurs passages avec les troupes, ou seuls, et les prisonniers de guerre ; les pauvres femmes ou filles enceintes pendant leurs couches, et leurs enfants nouveaux-nais, si elles ne sont pas en état de les nourrir. » On comptait soixante lits pour les malades, mais comme on en mettait jusqu'à quatre dans le même lit, on recevait en temps d'épidémie jusqu'à 250 malades. A ces malades, il fallait ajouter les pauvres qui venaient se faire saigner, purger et panser, et qui recevaient en outre quelques secours en nature. Les dépenses de l'Hôtel-Dieu, qui était desservi par dix religieuses ou postulantes, s'élevaient à 16,800 l. en 1721. Celles de Saint-Nicolas à 12,890, pour la nourriture et l'entretien de 40 pauvres caducs des deux sexes, et d'environ 50 orphelins de père et de mère, nés dans la ville. On y recevait aussi les pèlerins pour une nuit ; il y avait deux lits pour eux. L'hôpital de la Trinité entretenait douze enfants, employés au travail de la bonneterie. En outre, des orphelines étaient élevées dans une maison voisine de l'Hôtel-Dieu (1). Les revenus

------

(1) Etat des hôpitaux du 2 février 1721. Arch. de l'Aube, C. 1889.

des hospices n'auraient point suffi à l'entretien de ces établissements charitables, si la charité privée n'y avait fréquemment suppléé par des legs ou des donations. Aussi les directeurs ne pouvaient-ils songer à prendre, sur les revenus ordinaires des hôpitaux, les dépenses d'une construction nouvelle. Une coupe de 40 arpents, au bois Mittau, devait subvenir aux premiers frais ; mais c'était une ressource insuffisante. On chercha un autre moyen pour se procurer l'argent nécessaire, et l'on eut recours à une loterie. L'évêque de Troyes fut prié d'en demander l'autorisation au contrôleur général Chamillart, qui l'accorda le 17 mars 1700.

II.

Les loteries étaient à la mode à cette époque, et, comme toujours, la cour donnait l'exemple. Saint-Simon raconte que la duchesse de Bourgogne fit une loterie de 20,000 pistoles ; « elle et ses dames, et plusieurs de la cour firent les billets, les cachetèrent, et les diverses façons qu'on leur donna firent l'amusement du roi et de toutes les personnes (1). » C'est une loterie du même genre qu'organisa le bureau des hôpitaux de Troyes, le 4 avril 1700. Il décida l'émission de 15,000 billets à un louis, sur lesquels il devait y avoir 250 billets gagnants. La valeur des lots était de 15,000 louis également. Le bénéfice au profit de l'hôpital était obtenu par une retenue de quinze pour cent sur les douze premiers lots, et de cinq pour cent sur les autres ; plus tard, on réduisit la retenue au taux uniforme de dix pour cent. Si tous les billets avaient été placés, le produit aurait été de 1,500 louis, déduction faite des frais.

Claude Matagrin, l'un des directeurs, fut chargé de faire imprimer cinq cents affiches pour donner à la loterie la pu-

---

(1) *Mémoires du duc de Saint-Simon*, Ed. Hachette, t. II, p. 409.

blicité nécessaire. On en envoya à Paris et dans les provinces du nord et de l'ouest de la France. Dans certaines villes, des intermédiaires furent chargés de l'émission des billets ; à Paris, elle fut confiée à Pierre Dièvre, marchand, qui réussit à en placer dix-sept cent un (1).

Malheureusement, l'incendie allumé par la foudre le 8 octobre 1700, qui détruisit la flèche de la cathédrale et causa dans cette église pour plus de 200,000 écus de dégâts, ralentit les souscriptions à la loterie et en compromit le succès. Au commencement de l'année suivante, on annonça qu'elle serait tirée avant que tous les billets eussent été placés. Le tirage, fixé d'abord au 15 février 1701, commença dans une salle de l'évêché le mercredi de Pâques, 30 mars, et dura jusqu'au 14 avril suivant.

Sept mille neuf cents billets avaient été pris ; on réduisit en proportion le nombre et le chiffre des lots. Tous les numéros inscrits sur un registre, qui existe aux Archives de l'Aube, étaient représentés par des billets correspondants à des billets blancs qui ne gagnaient rien, et à cent cinquante billets noirs, dont l'importance variait de 1,500 à 20 louis. Le tirage successif de tous les billets, blancs et noirs, donnait un contrôle complet ; mais il exigeait un temps considérable. Comme à la loterie de la duchesse de Bourgogne, chaque numéro était la plupart du temps désigné par une devise qui témoignait de la piété, de l'esprit, de la naïveté ou de la gaîté des souscripteurs. Les uns invoquent saint Antoine de Padoue ou Notre-Dame d'Honfleur ; ceux-ci sont résignés d'avance : *Si je n'ai rien, Dieu soit loué. Je risque volontiers, si le pauvre en profite*, disent-ils. — D'autres invoquent *le hasard charitable* et *l'usure innocente*. Si l'un dit avec sagesse : *Se flatter à la loterie, c'est de l'eau dans un panier*, un autre, qui vient sans doute de lire le célèbre roman de Fénelon, paru en 1699, s'écrie : *Télémaque, conduit*

---

(1) Arch. de l'Aube, registre 40, H. 165.

par Mentor, ne peut manquer d'être heureux. Beaucoup espèrent, comme l'attestent les devises suivantes : *Mon sacq est tout prêt. Un seul louis peut commencer ma fortune. Un bon lot serait le comble de la poulette fortunée. Quoyque je sois petit, j'en souhaite un gros. — Thérèse le voudrait avoir. — J'espère fortune à l'hôpital. — Va-t-en voir s'ils viennent,* dit un narquois. Les uns annoncent qu'ils vont *à la conqueste de la toison d'or troyenne.* Ici nous trouvons le *Grand Alcandre, le Chevalier de l'ardente épée, Amadis de Gaule,* et çà et là *Marie la Rieuse, Margot l'Eveillée, la Belle Lolo, la Bécassine, la Belle Bonne, la Poule et le Poulet.* Puis viennent en grand nombre de gais compagnons qui ont pris de joyeuses devises, empruntées à des pièces ou à des refrains populaires : *Lanturelu, Grisdelin Amour sans fin, le Cuisinier Dindin, le Marsouin Thévenot et ses Comédiens.* En parcourant les feuillets du registre, on croit voir revivre en fragments épars les traits mélangés de l'ancienne société française, avec ses qualités nombreuses et variées, la foi, l'esprit chevaleresque et aventureux, la bonhomie et la gaîté.

Le gros lot de 1,500 louis, réduit à 1,350 par les 10 pour cent, échut à un billet portant pour devise : *le Simple Champenois Normanisé.* Il fut touché par le greffier de l'Hôtel-de-Ville de Troyes, nommé Thibaut, pour le compte du maire du Hâvre-de-Grâce. C'était une fortune pour l'époque (1). Le second lot de 500 louis fut gagné par un billet pris à Paris, portant le nom de la *Grande Madelon.* La *Grande Madelon* ne se retrouva pas, et une partie de son lot revint aux hôpitaux. Parmi les autres souscripteurs favorisés par le sort, nous remarquons Claude-Nicolas Comparot,

----

(1) Ces 1,350 louis, valant 32,400 liv., équivaudraient, si l'on admet la proportion adoptée par M. Jobez, dans la *France sous Louis XV,* (t. I, p. 406,) à environ 160,000 fr. de notre monnaie actuelle. — Manuscrits de Sémilliard.

qui eut le lot de 300 louis, et les *Bons Enfants de la Belle-Croix* qui eurent un des six lots de cent louis (1).

Le produit net de la loterie fut évalué par les directeurs à 16,500 l. Cette somme, à laquelle on ajouta plus tard 5,400 l. provenant du lot de la *Grande Madelon*, le produit de la vente du bois Mittau et un legs particulier de 1,000 l. fait par Mme Cavrey, permettaient d'entreprendre les travaux dont l'urgence était reconnue. Sept directeurs furent chargés, le 1er mai, de conférer avec l'ancien évêque pour déterminer l'emplacement du nouveau bâtiment, et pour décider s'il serait construit en pierre ou en bois.

L'emplacement choisi fut le bord du ru Cordé, à une distance de 11 toises environ du pont de la Cité. La pierre fut avec raison préférée au bois. Dès le 29 mai, deux directeurs, Angenoust et Calabre, furent envoyés aux perrières de Tonnerre et de Chaudey pour s'enquérir des meilleures pierres, les choisir et les faire conduire à Troyes. On employa en outre de la pierre de Pargues et de Bourguignons, et de la craie de Sainte-Maure, dont on fit un trop grand usage (2). Les fondations furent commencées dès le mois de juillet, et la première pierre du bâtiment fut posée solennellement le 19 juin 1702, par l'ancien évêque Bouthillier, en l'absence de l'évêque, qui était plus souvent à la cour que dans son diocèse.

A la fin de 1702, on avait dépensé 12,982 l. 19 s. 11 d. en travaux de maçonnerie. La charpente ne fut posée que l'année suivante. Les directeurs furent obligés d'adresser des

---

(1) Il y avait en outre un lot de 400 louis, trois de 200 ; les autres étaient de 20 louis, réduits à 18. Le résultat du tirage fut publié. — *Liste des Bons Billets de la Loterie de l'Hôtel-Dieu de Troyes*, chez Claude Briden et Jacques Oudot, in-4° de 4 p. — Arch. de l'Aube, registre 48, H 166.

(2) Du 10 juillet 1701 au 18 novembre 1702, on employa dans la construction 5,340 pieds carrés de pierre de Tonnerre, 10,823 de Chaudey et de Sainte-Maure, 432 de Pargues, 768 1/2 de Bourguignons et 21,267 doubles briques.

sommations aux marchands de bois pour la livraison des poutres ; en janvier 1704, ce furent les marchands qui en envoyèrent aux directeurs pour les faire payer. Dès la fin de 1702, les fonds manquèrent ; on avait trop présumé des ressources exceptionnelles de la loterie et de la vente des bois. On résolut d'emprunter 10,000 liv. à constitution ; on n'en trouva que 4,000. Elles étaient dépensées, lorsque les charpentiers assignèrent les directeurs en paiement de leur charpente. L'ancien évêque et onze directeurs avancèrent personnellement 2,700 l., qui devaient être remboursées sur les premiers legs ou dons faits à l'hôpital. En 1704, ce remboursement ne pouvant s'effectuer, l'évêque paya la rente à 5 pour cent des 4,000 l. empruntées, et l'ancien évêque abandonna les 500 l. qu'il avait avancées. A la fin de 1703, les charpentes étaient prêtes à recevoir la couverture ; mais l'argent et les ouvriers faisaient défaut. Le 18 novembre, on lut au prône des paroisses un « billet » des directeurs, dans lequel ils engageaient les fidèles, qui en auraient « la commodité pendant la semaine, à venir porter la tuile pour la couverture du nouveau bâtiment. » Ils ne peuvent faire, leur disait-on, action plus pieuse ni plus méritoire devant Dieu que de travailler pour les pauvres (1).

L'hôpital devait encore plus de 5,000 l., notamment pour les charpentes. On résolut de contracter un nouvel emprunt, et les directeurs se rendirent dans les paroisses pour exhorter les habitants à payer les cotes de l'aumône générale. A la fin de 1705, pour continuer les travaux, on songea à faire tirer une nouvelle loterie, au capital de 600,000 liv. L'évêque la sollicita de l'intendant ; l'intendant approuva fort le zèle des directeurs ; mais les circonstances étaient peu favorables ; et la guerre de la succession d'Espagne, dont les effets désastreux se faisaient sentir, suspendit les travaux du

---

(1) Manuscrits de Sémilliard. Bibliothèque de Troyes, no 2317.

nouveau bâtiment, avant même qu'il fût en état de recevoir les malades.

De 1705 à 1720, la ville de Troyes subit une des crises les plus sérieuses de son histoire ; son industrie est paralysée, sa population diminue ; le nombre des pauvres augmente en proportion inverse de celui des habitants. Les hôpitaux, loin de songer à bâtir, n'ont plus les ressources suffisantes pour secourir les indigents. La disette de 1709 aggrave leur situation déjà difficile ; leur provision de grains touche à leur terme ; ils en attendent peu de leurs fermiers. Ils sont réduits à emprunter 15,000 l. et à demander au Conseil du Roi l'autorisation de vendre des biens-fonds, jusqu'à concurrence de 30,000 l., pour rembourser leur emprunt et subvenir à leurs dépenses courantes. Des lettres-patentes de janvier 1710 les autorisent à faire cette aliénation, qui s'opère dans les conditions les plus défavorables.

L'année 1709 est désastreuse. La grêle a détruit les moissons ; il a fallu réduire les redevances des fermiers. Le peuple affamé s'ameute dans les marchés, et quand le commissaire du Roi Delamare vient pour apaiser le désordre, les habitants se jettent à ses pieds, en s'écriant : Monseigneur, nous mourons de faim (1). L'Hôtel-Dieu est encombré de malades. Il en meurt tant que « le lieu destiné à les inhumer n'est plus assez grand. » Sur les réclamations de l'abbesse de Notre-Dame-aux-Nonnains, on les enterre pendant un an dans les terrains dépendant du bâtiment de la Santé. Le nombre des malades et des pauvres est tel, le prix des grains si élevé, que les directeurs sont obligés de décider qu'on ne recevra plus momentanément d'orphelins et de vieillards à Saint-Nicolas.

Dans cette triste année, on reconnaît plus que jamais l'insuffisance des bâtiments ; on réclame encore comme suprême ressource une loterie. Elle aurait eu peu de chances

---

(1) DELAMARE, *Traité de la Police*, t. II, p. 909.

de succès. Pendant longtemps, on se contente de gémir, sans
agir. Ce n'est qu'en 1724 qu'on examine si, à défaut de la
nouvelle salle, l'on ne pourrait pas exhausser les anciennes
constructions en bois, afin de les rendre plus saines.

La situation des hôpitaux s'était beaucoup améliorée depuis plusieurs années; ils avaient reçu des legs considérables, entre autres de Sémilliard et de Mme Lombard-
Gouault. En 1720 et en 1721, ils placèrent sur l'Hôtel-de-
Ville de Paris, par cinq contrats de constitutions, 183,560 l.
qui devaient être employées à diverses fondations charitables.
Malheureusement la rente de ces contrats, qui montait à
8,908 l., fut réduite à 4,317, à la suite de la perturbation
que la Banque de Law introduisit dans les finances. Mais,
outre ces dons, Gouault et MM. Devienne, conseillers au
Parlement, avaient donné 4,000 l. pour achever la salle du
bâtiment commencé en 1702. Elle n'était pas encore prête
à recevoir les lits. Malgré la dépréciation des monnaies, le
lieutenant-général de Chavaudon et Gouault se chargèrent
de payer 3,000 l. aux hôpitaux, et le bâtiment put enfin être
achevé en 1725, tel qu'il existe encore aujourd'hui.

C'est le pavillon situé sur le quai du Canal, dans lequel
sont actuellement installés, au rez-de-chaussée, les services
de la pharmacie; au premier étage, les salles de la Maternité.
En 1725, les arcades du rez-de-chaussée étaient à jour; au
premier se trouvait une salle de quatorze lits; un vaste escalier, au plafond duquel furent sculptées les armes de la fa-
mille de Vienne, occupait l'emplacement de l'officine de la
pharmacie qui est aujourd'hui voûtée. L'architecture de ce
pavillon est d'un style simple qui n'est pas sans élégance.
Les fenêtres, larges et hautes, sont entourées de bandeaux,
et les corniches reposant sur des modillons soutiennent une
couverture en tuiles, percée de plusieurs œils-de-bœuf (1).

____

(1) *L'Annuaire de l'Aube* a publié, en 1860, une vue de l'extrémité
de ce pavillon, du ru Cordé et du pont de la Salle, et en 1867, un
dessin de l'officine de la pharmacie, par M. Emile Vaudé.

III.

Un bâtiment, composé d'une salle de quatorze lits et d'un escalier, ne pouvait suffire aux besoins de l'hôpital; l'intention des directeurs avait été de faire construire entre cet escalier et le pont de la Salle ou du Palais une salle de 30 à 40 lits. Les circonstances ne leur avaient pas permis de réaliser ce projet. Il fut repris avec plus d'ardeur après l'achèvement du pavillon; mais, lorsqu'il fut question de l'exécuter, il rencontra dans le Bureau des hôpitaux une double opposition de la part de ceux qui voulaient dépenser moins, et de ceux qui voulaient faire mieux.

Les premiers revenaient à l'exhaussement de la salle des hommes, dont le devis montait à 3,517 l. Il était tellement urgent d'assainir et de modifier la salle dite des Vingt-Quatre Heures, que l'on décida que si la construction du nouveau bâtiment n'était pas décidée avant le printemps, on commencerait alors les travaux d'exhaussement. Cette décision stimula le zèle de ceux qui voulaient la continuation du nouveau bâtiment, et le 19 avril 1728, une assemblée de tous les ordres de la ville se prononça en leur faveur. Le 2 mai, on décida que le bâtiment commencé serait continué d'après les mêmes dessins et avec des matériaux analogues. Le pavillon et l'escalier construits avaient coûté 40,000 l.; on comptait employer pour la dépense l'argent qu'on avait en réserve dans le trésor à trois clefs de l'Hôtel-Dieu et les sommes que le roi devait rembourser pour l'entretien des mendiants renfermés en 1726 et en 1727.

A peine cette décision était-elle prise qu'il survint à Troyes un désastre sans précédent. Le 16 mai 1728, jour de la Pentecôte, il tomba une grêle si forte que l'on en évalua les dégâts à trois millions pour la ville seulement (1). Les grê-

---

(1) Courtalon, I, 242. — *Relation véritable des effets de l'épou-*

lons, du poids de six ou sept livres, cassèrent les tuiles et les ardoises de l'Hôtel-Dieu, en brisèrent les vitres et endommagèrent considérablement les bâtiments, déjà dans le plus triste état. On résolut, pour réparer les toitures, d'employer les tuiles de la chapelle et de la ferme de la maladrerie de Saint-Lazare, qui était sans emploi depuis la disparition de la lèpre. La démolition des bâtiments de cet hospice, réuni depuis 1630 aux hôpitaux, ayant été décidée, il fut convenu que les pierres en seraient transportées à Troyes, pour servir aux constructions nouvelles.

Tandis que l'on démolissait la maladrerie située à Bréviandes, et que l'on commençait à réunir les matériaux, les directeurs discutaient sur l'achèvement du nouvel hôpital dont le devis s'élevait à 55,000 l. Ils faisaient venir de Paris Denis Jossenay, « architecte des plus connus, » membre de l'Académie d'architecture, qui leur fit un plan selon leurs intentions (1). D'après ce plan, le bâtiment, continué sur le bord de l'eau, aurait eu une cour intérieure, avec deux ailes en retour ; il aurait été dominé du côté de l'est par la terrasse. La façade de la cour aurait été percée de huit fenêtres à chaque étage, outre un pavillon central, de forme semi-circulaire, qui, éclairé par trois fenêtres, contenait une cage d'escalier ovale.

Le plan de Denis Jossenay avait l'avantage de se relier au pavillon existant ; mais il avait des inconvénients sérieux. On pouvait se demander s'il était conforme aux règles de la salubrité de construire sur le bord d'un cours d'eau, en contre-bas d'une terrasse élevée de plusieurs toises, un bâ-

---

ventable orage et de la grêle extraordinaire qui est tombée sur la ville de Troyes en Champagne et aux environs, le 16 May 1728. Imp. veuve Du Mesnil, in-4° de 4 p.

(1) Jossenay vint à Troyes, moyennant 10 pistoles pour les frais de voyage et 20 l. par jour. Son plan, qui est conservé dans les archives de l'Hôtel-Dieu, fut soumis au Bureau le 25 septembre 1729, et il toucha ce jour-là 460 l.

timent qui manquerait de dégagements du côté de la rivière, et serait situé à l'extrémité du vaste emplacement de l'Hôtel-Dieu? Etait-il sage de dépenser une somme relativement élevée pour achever un édifice commencé dans des conditions médiocres, et lorsqu'il en était temps encore, ne valait-il pas mieux étudier un nouveau plan, pour la construction d'un hôpital vaste, aéré, bien aménagé, mieux situé? Ce fut l'avis de l'évêque, Jacques-Bénigne Bossuet, neveu du grand Bossuet et cousin-germain du second des Bouthillier de Chavigny. Le prélat fut d'accord avec l'intendant de Champagne Lescalopier pour faire étudier de nouveaux plans. L'ingénieur de la province, Delaforce, seigneur de Saint-Aventin-sous-Verrières, fut chargé de les dresser. Dans le courant de 1729, il présenta le projet de construction d'un vaste bâtiment, composé d'un corps-de-logis principal et de deux ailes en retour, qui venaient aboutir à la rue de la Cité.

Les directeurs des hôpitaux de Troyes furent unanimes à reconnaître que le plan de Delaforce était supérieur à celui de Jossenay pour la disposition, l'aménagement, la régularité et la décoration. Cependant plusieurs d'entre eux s'effrayèrent de la dépense qu'entraînerait son exécution; elle était estimée à 150,000 l. au moins, et l'on ne savait déjà comment se procurer les 55,000 l. nécessaires pour l'accomplissement du projet de Jossenay. « Les hôpitaux n'ont que 20,000 l. de ressources, disait-on, et il y a jusqu'à 8,000 pauvres à secourir à Troyes. » A la tête de ceux qui faisaient valoir ces raisons d'économie se trouvait le lieutenant-général du bailliage, Morel, qui, après l'évêque, occupait le premier rang dans le Bureau. Morel, dont le caractère était difficile et obstiné, essaya de lutter contre l'évêque. Mais celui-ci était bien en cour; il fit approuver le plan de Delaforce par le contrôleur général, et, lorsqu'on essaya de lui opposer des objections, il les traita de défaut de soumission aux ordres du roi, et refusa de les laisser consigner dans

les procès-verbaux. Morel en référa à l'intendant Le Pelletier
de Beaupré (1). Celui-ci, après avoir pris l'avis de Delaforce,
répondit que les plans ayant été approuvés et la nécessité en
étant reconnue, il ne restait plus qu'à les exécuter. La question d'argent l'inquiétait peu. « Les édifices publics, surtout ceux de charité, disait-il, ont des ressources de la Providence sur lesquelles il faut un peu compter. Au reste,
j'aurai soin de faire examiner à quoi pourrait monter la dépense de cet édifice, et je serai charmé, lorsque cette affaire
se présentera, de ménager les intérêts de l'hôpital. »

L'affaire se présenta au mois d'octobre. L'intendant vint
à Troyes, et convoqua le Bureau des hôpitaux, qu'il présida.
Morel développa les objections qu'il avait déjà formulées. Il
était impossible, selon lui, d'exécuter en entier le plan de
Delaforce, et l'on était d'accord pour ne faire construire que
le corps-de-logis principal, dont la dépense était évaluée à
70,000 l. Or, les directeurs ne pouvaient disposer que de
45,000 l., pour un édifice qui n'aurait contenu que trente
lits au lieu des soixante-dix que renfermaient les vieux bâtiments. L'intendant répondit que, lorsqu'on élèverait les
ailes, le nombre des lits serait plus considérable, et qu'en
ce qui concernait la dépense, il fallait compter sur la charité
et sur quelques secours du roi.

Les directeurs furent obligés de se contenter de ces espé-
rances et de ces promesses; ils approuvèrent le plan de
Delaforce, et en préparèrent l'exécution. La salle des hommes
était devenue si malsaine que l'année précédente on en avait
retiré les malades pour les transférer dans une salle située au-
dessus de la cuisine et du réfectoire des sœurs. On n'en
pressa pas davantage le commencement des travaux. De nou-

---

(1) Mémoire et lettre du lieutenant général Morel, du 2 juillet 1730.
Arch. de l'Aube. C. 1894. — L'approbation du contrôleur général est
transmise par l'intendant le 16 juin, et le 22, le Bureau déclare, à la
pluralité des voix, qu'il s'y conformera.

2

velles objections furent faites, portant sur l'élargissement du corps-de-logis principal ; on obtint du roi la défense de faire travailler à l'Hôtel-Dieu ; de nouveaux arrangements furent pris, et ce ne fut que le 28 août 1732 que le garde des sceaux autorisa l'intendant à faire commencer les travaux. On fixa aussitôt au mois d'octobre 1732 les adjudications pour le « nouveau bâtiment à construire à l'Hostel-Dieu de Troyes. » Elles eurent lieu moyennant 60,000 liv., la clé à la main. Le plan de Delaforce, que l'évêque avait soutenu « persévéramment, » allait être exécuté en partie, à de meilleures conditions qu'on n'aurait osé l'espérer.

L'intendant avait eu raison de dire que les édifices de charité ont des ressources de la Providence sur lesquelles il faut un peu compter. Au mois de mars 1733, on trouva dans le tronc de la chapelle Saint-Barthélemy une somme de 4,776 livres en or. La satisfaction que causa cette donation fut troublée par une altercation entre un des directeurs, nommé Langlois, et le lieutenant-général qui se prétendit offensé, et poursuivit son collègue devant les tribunaux. D'autres libéralités moins importantes furent recueillies, et permirent, avec les ressources déjà réalisées, de subvenir aux dépenses du bâtiment dont l'adjudication avait été faite.

Les fondations furent commencées le 19 juin 1733. On avait auparavant enlevé les terres d'une partie de la terrasse et ouvert une tranchée dans le mur qui formait une des parois de la salle des hommes. On avait espéré conserver une partie de cette salle pour le service hospitalier ; mais on reconnut bientôt qu'il fallait y renoncer, et elle fut définitivement démolie en 1736.

La première pierre du bâtiment central fut posée le 19 octobre 1733, dans l'angle sud-ouest de la cour. Le maire Louis de Mauroy et les directeurs allèrent à la tête des quatre compagnies de la milice bourgeoise chercher l'évêque dans son palais. Bossuet déposa sur la première pierre les médailles que le Bureau avait demandées « aux puissances, » pour en rappeler le souvenir. Ce furent d'abord trois médailles aux armes du roi, envoyées par le cardinal de Fleury, dont l'une était en argent, les autres en bronze. Ces médailles avaient été reçues par le lieutenant-général Morel, qui avait refusé de s'en dessaisir, et il avait fallu un ordre du ministre Chauvelin pour le contraindre à les déposer dans l'armoire du Bureau. Outre les médailles royales, on plaça sur la pierre six médailles aux armes du cardinal de Rohan, grand aumônier de France, et une lame d'airain au nom et aux armes de S. A. Mgr le Prince de Rohan, gouverneur de Champagne.

Les travaux furent poussés avec activité en 1734, et à la fin de cette année la maçonnerie et la charpente étaient terminées. Au printemps de 1735, on les fit examiner par un architecte de Paris, nommé Brisse, qui constata que deux fenêtres en craie avaient été gelées, et fit ajouter des agrafes en fer pour maintenir les poutres (1). La couverture en ardoises fut posée au mois de décembre. Ce ne fut cependant qu'à la fin de l'année suivante que le bâtiment fut terminé. La nouvelle salle des hommes fut bénie le 8 avril 1737, par l'évêque Bossuet ; et cette cérémonie fut suivie d'un discours prononcé par le Père Henri Camusat, de l'Oratoire, que les contemporains qualifiaient de célèbre prédicateur.

La réception des travaux eut lieu le 22 juillet par Delaforce, accompagné du lieutenant-général. Ils trouvèrent, en entrant dans la salle des hommes et dans deux petites salles voisines, quarante lits neufs, munis de leurs paillasses, matelas, draps et couvertures, et garnis de serge verte bordée de galons. Sur chaque lit étaient deux chemises et une robe de chambre ; à côté de chacun d'eux, une chaise, et contre le mur, une croix et un bénitier. Enfin, à l'extrémité de la salle se trouvait un autel à la romaine. Ce mobilier, d'une

---

(1) Il reçut 408 l. pour son voyage et son expertise. Dél. du 22 mars 1735.

valeur réelle, venait d'être donné par l'un des habitants les plus honorables de la ville, Berthelin, conseiller d'honneur au bailliage. Le Bureau lui envoya une députation pour l'en remercier. Les pauvres ne devaient pas lui en être moins reconnaissants. Quelle différence ils devaient trouver en comparant la salle éclairée par de hautes fenêtres, et les lits propres et neufs où ils étaient reçus, avec l'obscurité et l'humidité de la salle des Vingt-Quatre Heures et la vétusté de son mobilier !

IV.

Le bâtiment terminé en 1737 se composait des deux tiers du corps-de-logis central et d'une partie de l'aile du couchant en retour (1). Outre les 60,000 l. de l'adjudication, on avait dépensé 3,361 l. pour les pilotis et 11,412 l. montant d'un devis supplémentaire présenté par Delaforce. Dans ce devis figuraient 3,355 l. pour enlever des terres dans la cour, aplanir et former une terrasse pour conduire du bâtiment neuf à la chapelle Saint-Barthélemy. C'est sans doute à cette époque que fut détruite la butte, dont parlent Baugier et Duhalle.

Malgré ces dépenses, les directeurs résolurent de continuer les bâtiments. Le cardinal de Fleury leur avait envoyé 1,500 l. en 1736. Les administrateurs firent une quête à domicile qui produisit 8,802 l. Le maire de Mauroy et les échevins donnèrent 600 l. ; le chapitre de Saint-Pierre, 1,164 l. ; l'évêque, 1,000 l. La communauté des marchands fit également un don de 1,000 l. (2) Mais ces ressources furent insuffisantes, et le 5 février 1740, on dut recourir à

---

(1) Le bâtiment avait 18 toises de façade sur le jardin et 11 toises sur la cour.

(2) Quête décidée par délibération du 31 mars 1737.

un emprunt de charité. Il se composait de cent parties ou ac-
tions, de 300 l. chacune, remboursables en dix ans, par un
tirage qui devait se faire dans la semaine de la Pentecôte.
On réussit seulement à en placer vingt-cinq, qui produi-
sirent 7,500 l. (1).

Grâce à ces ressources, on éleva les fondations du sur-
plus du corps-de-logis principal et du commencement de
l'aile de l'est; mais le rigoureux hiver de 1740, la disette et
la misère de 1741 firent suspendre les travaux. Il eût été
d'autant plus urgent de les continuer, que des lézardes
s'étaient formées dans le nouveau bâtiment, resté inachevé ;
on avait été obligé de l'étayer et de le garnir d'agrafes en
fer (2). Mais les hospices avaient épuisé leurs ressources à
secourir les indigents. En 1744, la rareté et la cherté des
cotons, la suspension du travail des fileuses, la réduction de
moitié des métiers des tisserands, avaient augmenté le nombre
des mendiants. Le receveur des hospices n'avait plus, en
1745, les fonds nécessaires pour payer le boucher et pour
acheter les provisions. L'administration était obligée de demander des secours aux ministres, sur le produit du droit
de rouage perçu par la ville (3).

Il y avait alors au Bureau un homme, doué, selon ses
contemporains, d'un esprit aussi profond qu'étendu, et ca-
pable de réussir dans les emplois les plus élevés, si les circonstances l'avaient permis. C'était Jean Berthelin, qui fut
quelques années plus tard maire de la ville. Les administrations locales, et surtout les administrations collectives, sont
souvent incapables ou impuissantes, lorsqu'elles ne sont pas
stimulées par une volonté ferme et persistante. Berthelin

---

(1) *Par permission. Emprunt de charité pour la continuation
des bâtiments de l'Hôtel-Dieu de Troyes.* In-4º de 4 p. — Arch.
de l'Aube, 48, H. 437.

(2) Article concernant le nouveau bâtiment. Arch. de l'Aube,
C. 1894.

(3) Dél. du 14 février 1745.

communiqua au Bureau des hôpitaux son activité et son
énergie ; il se chargea de faire des démarches auprès de l'intendant ; il provoqua sa visite, et Le Pelletier de Beaupré put
constater par lui-même la nécessité de continuer les constructions. La salle des femmes et les cellules des religieuses me-
naçaient ruine ; les poutres qui les soutenaient tombaient en
pourriture, et étaient appuyées sur des murs sans consis-
tance. Grâce aux efforts de Berthelin, on décida la reprise
des travaux, qui furent dirigés par l'ingénieur Legendre.
Elle eut lieu en 1747, et en 1750 le bâtiment central était
enfin construit, ainsi que la huitième partie de l'aile gauche
en retour.

Ces nouvelles constructions avaient coûté 51,664 l. 6 s. On
avait pourvu à une partie de ces dépenses au moyen d'un
emprunt de 10,000 l., dont une personne charitable s'était
engagée à payer la rente. Depuis 1732, on avait dû faire de
continuels emprunts à rentes viagères, et le total de ces emprunts montait à 93,000 l. (1). Pour construire l'aile destinée aux femmes, on s'adressa au roi ; on envoya des pla-
cets au contrôleur général et à l'intendant des finances de
Boullongne ; le duc d'Estissac se chargea de les appuyer. Au
mois d'août 1750, le roi accorda 6,000 l. Cette somme
n'aurait pu suffire sans le zèle, l'activité et l'intelligence des
administrateurs, et surtout de Berthelin.

Un nouvel intendant, de La Bove, vint à Troyes en 1750,
et reconnut la nécessité de faire construire l'aile gauche,
destinée aux femmes, sur l'emplacement d'une vieille maison
en bois, où logeaient les orphelines. Celles-ci furent transfé-
rées dans une maison voisine, qu'on loua au prix modique
de 100 l. par an. 20,000 l. furent empruntées de nouveau,
et à la fin de 1753, le bâtiment était en état de recevoir les

---

(1) Ces rentes étaient fixées, en 1727, à 6 0/0, au-dessous de 45 ans,
à 7 de 45 à 55 ans, à 8 de 55 à 60, à 9 de 60 à 70 ans, à 10 au-dessus de
70 ans.

malades. La nouvelle salle des femmes fut bénie le 24 septembre, par Antoine-Jérotée Gouault, grand-vicaire (1). Les religieuses s'installèrent au rez-de-chaussée en 1754, et l'année suivante, on démolit le vieux bâtiment où elles logeaient et où les femmes étaient reçues. Ce bâtiment, dont on faisait remonter la fondation à Henri-le-Libéral, était étayé de tous côtés ; mais les caves avaient été construites avec solidité, et l'on découvrit, en les démolissant, un caveau adroitement fabriqué entre deux murs, que l'on supposa avoir servi aux Comtes de Champagne pour y cacher leurs trésors (2).

C'est en grande partie à Berthelin qu'on devait l'avancement des travaux ; aussi continua-t-il de faire partie du Bureau, lorsqu'il fut nommé maire de Troyes. L'évêque Poncet de La Rivière aurait voulu le faire remplacer pour incompatibilité. On fit de sérieuses objections à sa retraite. « Si l'évêque persiste, écrivait le subdélégué, cela doit du moins se faire avec beaucoup de politesse. La retraite de Berthelin entraînerait celle de Lemuel, qui a fait les avances de la manufacture et y entretient trois domestiques, et de l'administrateur qui fait gratis la recette générale. Le second inconvénient, c'est que M. de Troyes étant entièrement maître du Bureau par l'exclusion des anciens directeurs, le public, dont il n'est pas aimé, n'aura plus de confiance ; les charités seront affaiblies, et on l'éprouve depuis près de six mois que les esprits sont en fermentation, puisqu'on n'a pas légué plus de 600 l., et cependant cela montait communément à 8 ou 10,000 livres (3). »

Lorsque l'aile gauche fut terminée, en 1755, on reconnut que l'on ne pouvait s'arrêter en si bonne voie, et qu'il fallait

---

(1) Duhalle.

(2) Manuscrits de Sémilliard.

(3) Lettre du 30 mars 1752. Arch. de l'Aube, C. 1889. Cette lettre, en ce qui concerne l'évêque, fait allusion aux divisions que suscitaient alors, à Troyes, les affaires du jansénisme.

complètement exécuter le plan de Delaforce. Les finances de l'hôpital étaient prospères. Les revenus augmentaient d'année en année. La manufacture de bonneterie au métier, dirigée par Lemuet, dans l'hospice de la Trinité, rapportait 2,690 l. en 1754; elle en rapporta bientôt jusqu'à 8,000. La valeur des fermages avait progressé en même temps que celle des propriétés. Les biens des hospices avaient été mis en ferme générale en 1721, moyennant 13,500 l. et des redevances en nature. En 1729, le bail fut renouvelé à 15,500 l.; en 1747, à 18,600. En 1756, il fut adjugé à Simon-François Milony, entrepreneur de bâtiments, moyennant 19,000 l. et un versement immédiat à la boîte de 210 louis, représentant 5,040 l. En 1762, un bail nouveau fut conclu par anticipation, au prix de 22,500 l. et de 1,500 l. de pot de vin (1). Ces chiffres, qui attestent une augmentation de près du double sur ceux de 1721, sont un témoignage de plus en faveur de l'accroissement de la prospérité de la France pendant le dix-huitième siècle.

A ces accroissements de produits, il faut ajouter les générosités des habitants. En 1758, Camusat, colonel de la milice bourgeoise, offre 6,000 l., pendant deux ans, sans intérêts. Mme Camusat-Gouault et Mlle Rémond lèguent près de 8,000 l. Dièvre, conseiller au bailliage, avait laissé une somme de 30,000 l. Le 7 décembre 1755, on trouva 75 louis d'or dans le tronc de l'escalier qui conduisait à la salle des malades. L'intendant, d'un autre côté, fit accorder 9,000 l. En 1759, la ville fut autorisée à disposer, en faveur des hôpitaux, de 10,000 l. sur le don gratuit. Enfin, le duc de Penthièvre fit don de 3,600 liv.

Ce prince étant passé à Troyes en 1755, on le pria de vouloir bien poser la première pierre de la seconde aile, dont les fondations étaient déjà commencées. Il chargea le grand

---

(1) Les redevances en nature avaient aussi augmenté. Registres des délibérations.

bailli d'épée, de Puget, de le remplacer dans cette cérémonie. Le 26 janvier 1756, le maire, les échevins et les directeurs, accompagnés de deux compagnies de milice bourgeoise, allèrent chercher au Palais le grand bailli. La milice
le salua d'une décharge de mousqueterie. La plaque de
marbre, sur laquelle étaient gravés les noms du prince et
des autorités, fut apportée sur un brancard du palais à la
rue de la Cité, et posée en grande cérémonie à l'angle de la
nouvelle aile et de la rue, à la hauteur du cordon placé au-
dessus du sous-sol.

A partir de cette époque, les travaux ne s'arrêtèrent plus.
Non-seulement on acheva la dernière aile selon les plans de
Delaforce; mais, après avoir construit avec tant d'efforts les
bâtiments indispensables, on songea à leur ornement. Ce fut
alors qu'on fit exécuter la grille monumentale, qui est restée
l'un des plus remarquables spécimens de la serrurerie artis-
tique du xviii° siècle. Cette grille, dont M. Le Brun-Dalbanne
a retracé l'histoire dans les *Mémoires de la Société Académique* (1), fut élevée sur l'emplacement de deux petits pavil-
lons carrés, dans l'un desquels se trouvait le bureau des directeurs et le trésor. Le bureau fut transféré à cette époque
dans la vaste salle du premier étage du pavillon commencé
en 1702.

L'ancienne chapelle de l'Hôtel-Dieu, désormais séparée
des bâtiments, ne pouvait être réparée; il était nécessaire d'en
construire une nouvelle. On la commença en 1759; se rat-
tachant à l'aile droite, elle fut alignée sur la rue de la Cité,
en regard du pavillon de 1702. Le plan, d'un style simple,
avait été fait par Legendre. L'ingénieur Musson surmonta le
toit, du côté de l'ouest, d'un clocher, qui fut démoli en 1794.
La première pierre de cet édifice religieux fut posée le 18 octobre 1759, par Louis-Armand-François de La Rochefou-

---

(1) *La Grille de l'Hôtel-Dieu de Troyes, son histoire et sa restau-
ration*, 1860.

cauld, duc d'Estissac, en présence de l'évêque Champion de
Cicé. La politesse officielle du temps n'avait pas d'expres-
sions assez fortes pour traduire l'enthousiasme que causait
la présence d'un duc et pair. L'évêque témoigna « tous les
sentiments d'édification et de reconnaissance qu'inspiraient
la grâce et l'honneur que mondit seigneur le duc d'Estissac
voulait bien faire aux administrateurs... A quoy mondit seigneur, dit le procès-verbal, a répondu en termes pleins
d'honnêteté, de bonté et de charité. » Le duc d'Estissac
plaça alors deux médailles à ses armes, l'une en argent,
l'autre en cuivre, recouvertes de cire, « dans un trou pra-
tiqué en entrant à un pilier du côté du sud-ouest. « Il plaça
ensuite dans les piliers qui se trouvaient au bout de la chapelle des médailles aux empreintes des ducs d'Aumont et de
Luxembourg, dont il était muni de la procuration. Après la
cérémonie, le duc fut conduit par les huit compagnies de la
milice bourgeoise à l'évêché, où on lui offrit un grand
dîner. Tout ce qu'il y avait de plus distingué dans la ville y
assistait, et au dessert, le duc porta la santé du roi, qui fut
bue « au bruit d'une nombreuse symphonie. » Après le dîner,
il passa dans un autre appartement, « où Mlle de Cicé et un
grand nombre de dames de la province et de la ville se trouvèrent sans avoir été invitées, pour marquer toute la part
qu'elles prenaient à une cérémonie aussi intéressante (1). »

Le duc de La Rochefoucauld ne se contenta pas de poser
des médailles dans les murs de la chapelle, en son nom et en
celui des ducs d'Aumont et de Luxembourg, il remit de leur
part et de la sienne une somme de 3,600 l. aux hospices.

Ce ne fut que le 3 avril 1762 que la nouvelle chapelle
fut consacrée. Elle se composait, comme l'ancienne, qui ne
tarda pas à être démolie, d'une chapelle basse dédiée à
sainte Marguerite, et d'une chapelle haute consacrée à saint
Barthélemy. A l'occasion de cette consécration, le frère

---

(1) Procès-verbal du 19 octobre 1759.

Pellicot, maître spirituel de l'Hôtel-Dieu, prononça un discours suivi d'un *Te Deum*, et les directeurs firent une quête à domicile, semblable à celle qu'ils avaient faite après la bénédiction de la salle des hommes (1).

Comme pour marquer d'une manière précise la date de l'achèvement de l'Hôtel-Dieu, le savant Ludot traça sur le pan coupé de la partie de la chapelle qui regarde le midi, un cadran solaire où furent gravées ces inscriptions :

LES CIEUX CÉLÈBRENT LA GLOIRE DE DIEU.

TU ES L'OUVRAGE DU TRÈS-HAUT, SOLEIL ADMIRABLE.

FUGIT IRREPARABILE TEMPUS.

1764.

Ainsi, soixante ans après le commencement du pavillon de la pharmacie, trente ans après les premiers travaux du nouveau plan de Delaforce, le nouvel Hôtel-Dieu était enfin terminé. Il avait coûté près de 380,000 l., y compris la grille, dont le prix s'était élevé à 34,000. Commencée à la fin du règne de Louis XIV, avant ses derniers revers, terminée au déclin du règne de Louis XV, pendant la guerre de sept ans, la construction de cet édifice a ressenti, pendant cette longue période, le contre-coup des événements et les effets de la situation générale de la France. Désirée par les habitants, suscitée par deux évêques, Bouthillier de Chavigny et Bossuet, elle a été, à partir de 1730, dirigée et stimulée par les intendants. Ce sont eux qui en font dresser les plans ; ils en pressent l'exécution ; ils la surveillent ; mais ils promettent plus qu'ils ne donnent, et s'ils ont leur part dans les projets et dans la surveillance, c'est à la générosité des habi-

---

(1) Arch. de l'Aube. Ces archives renferment les registres des délibérations du bureau des hôpitaux de 1631 à 1787, cote 48 H, nos 321 à 365. La plupart des faits indiqués dans cette étude sont tirés de ces registres.

tants, c'est au zèle du Bureau, c'est enfin à l'intelligence de Berthelin que l'on doit l'entier achèvement de ce vaste travail.

V.

Le nouvel Hôtel-Dieu fut apprécié par les contemporains. Il présentait un aspect imposant et régulier, avec ses deux ailes en retour, sa façade large de trente-trois mètres, au centre duquel était un avant-corps, orné de pilastres et d'un fronton, et ses arcades surmontées d'archivoltes, formant un cloître qui donnait accès aux appartements du rez-de-chaussée (1). « Cet hôpital est un des plus beaux qu'on puisse voir en France, dit un médecin de Troyes, si l'on n'a égard qu'à l'architecture et à la décoration de l'édifice. » Il suscita cependant la critique de Grosley, qui n'en admirait que la grille. Selon lui, elle surpassait en magnificence les grilles mêmes de l'avant-cour de Versailles, et elle lui rappelait l'épée du gendre de Cicéron, qui disait en voyant son gendre : « Qui donc l'a attaché à cette belle épée? » Il est certain que les directeurs des hôpitaux avaient fait construire une grille hors de proportion avec les bâtiments, et trop riche pour leur destination ; mais ils ne méritaient pas toutes les railleries que leur adresse Grosley. C'est que cet homme d'esprit ne leur pardonnait pas d'avoir recueilli l'héritage de son oncle, le chanoine Barolet. Les directeurs s'étaient rapportés pour l'évaluation de cet héritage, qui montait à 3,619 l. 9 s. à la bonne foi de la mère de Grosley ; et « en reconnaissance de ce qu'elle avait parfaitement agi avec eux, » ils lui avaient laissé toute l'argenterie du chanoine, consistant en une

---

(1) Placard du 1er mai 1731. *Essai statistique sur les Hôpitaux de Troyes. Annuaire de l'Aube*, 1835, p. 12.

écuelle, deux couverts, un saleron et un cachet (1). Grosley cependant prétendit plus tard qu'on permit seulement à sa mère de substituer des assiettes de faïence commune à deux douzaines d'assiettes de belle faïence (2). S'il avait oublié l'argenterie, il n'oubliait pas la perte de l'héritage, et on ne peut le considérer, quand il parle des directeurs de l'Hôtel-Dieu et de leur œuvre, comme un juge entièrement désintéressé (3).

Il avait cependant raison de s'élever contre la coutume, qui persistait encore, de placer deux malades dans le même lit. « S'ils ne se trouvent que vingt dans une salle de quarante lits, écrit-il, ils n'occupent que dix lits, afin, dit-on, de ménager les draps. » C'était bien pis, lorsque les malades étaient nombreux ; on en mettait souvent trois dans les lits, qui avaient trois pieds et demi de large, et en outre, on en plaçait sur des lits de sangle, au milieu des salles. Aussi le Dr Picard, qui a fait en 1786 une intéressante description de l'Hôtel-Dieu de Troyes, se plaint-il de la corruption de l'air, des exhalaisons malsaines et du défaut de ventilation, auquel on avait essayé de remédier en établissant des ventouses (4). La préoccupation des améliorations matérielles était alors générale, et les progrès considérables qu'on avait

---

(1) Délibération du 17 octobre 1734.

(2) *Vie de M. Grosley*, p. 41.

(3) Voici comment Grosley parlait de l'Hôtel-Dieu et de la chapelle : « Dans l'article de l'architecture, disait-il, j'ai oublié ce nouveau bâtiment composé de deux murs parallèles, ramenés inégalement en deux retours d'équerre, percés de quelques fenêtres et couronnés d'œils-de-bœufs... Nous parlerons de la nouvelle chapelle de l'Hôtel-Dieu, lorsqu'il sera décidé si le pignon perpendiculaire à la Seine formera le chevet et le portail de cette chapelle ; double destination que ce pignon, de la manière dont il est traité, peut également remplir : « *In utrumque paratus.* » (*Ephémérides.*) Cette dernière critique était assez juste, car pendant longtemps on ne put faire usage de la porte d'entrée, faute d'escalier pour y accéder.

(4) *Topographie médicale de Troyes*, par M. Picard. *Mémoires de la Société Académique de l'Aube*, 1873.

obtenus faisaient espérer qu'on parviendrait à satisfaire à toutes les exigences de l'hygiène.

C'était pourtant sous ce rapport que les salles du nouvel Hôtel-Dieu présentaient des avantages inappréciables sur les anciennes. On pouvait critiquer certaines distributions intérieures, qui attribuaient aux services divers de l'hôpital des emplacements qui auraient pu être affectés aux malades ; on pouvait regretter l'emploi de certains matériaux, tels que la craie, qui, surtout dans les corniches, est trop exposée aux ravages du temps (1). Mais la disposition des salles était satisfaisante, et le seul reproche sérieux qu'on pût leur adresser, c'est qu'elles n'étaient pas suffisantes pour le nombre des malades. La population de Troyes avait certainement augmenté depuis qu'on avait commencé le nouvel Hôtel-Dieu, et celui-ci ne contenait pas plus de lits que l'ancien. On ne pouvait y recevoir, en 1788, que 150 à 160 malades, tant civils que militaires. Les médecins et les administrations réclamaient ; le Dr Picard aurait voulu qu'on construisît pour les convalescents une nouvelle salle au-dessus de celle des hommes. Le Bureau intermédiaire de l'Assemblée d'élection pensait de même : « Le local de l'Hôtel-Dieu, écrivait-il en 1788, est vaste, et cependant trop resserré pour le nombre des malades qu'il renferme ordinairement. Il serait à désirer qu'il y eût deux salles en plus... Aussi demandait-il, comme le Tiers-Etat de Troyes le demanda l'année suivante (2), l'établissement de 50 lits nouveaux, dont 30 pour les hommes et 20 pour les femmes (3).

« Il y a en outre dans cette maison, disait le Bureau intermédiaire, sept incurables, dont quatre hommes et trois

---

(1) La craie valait, en 1755, 6 s. et 4 s. 6 d. le pied cube ; la pierre de Savonnières 16 s.

(2) Cahier du Tiers-Etat de la ville de Troyes, article 171. Arch. de l'Aube, B. 20.

(3) Rapport du Bureau intermédiaire de l'Assemblée d'élection de Troyes. Arch. de l'Aube, C. 1889.

femmes, qui y sont logés, nourris et entretenus, en vertu des fondations particulières, et qui y sont traités d'une manière très-honnête. Ces places sont ordinairement remplies par des personnes qui sont nées dans une certaine aisance, et à qui des malheurs ont ôté toute espèce de ressources; rien n'est plus conforme à l'esprit des fondateurs. »

Cependant, malgré les justes réclamations des contemporains, il y eut plutôt tendance à réduire les services qu'à les augmenter. Une salle de femmes en couches avait été supprimée avant 1786. Pendant la Révolution, les incurables furent transférés à Saint-Nicolas, et confondus avec les vieillards de cet établissement, malgré les fondations spéciales qui leur étaient affectées. Si une salle de la Maternité a été ouverte depuis 1815, si de nouveaux services ont été installés dans ces derniers temps, le local de l'Hôtel-Dieu, aujourd'hui comme à la veille de la Révolution, ne répond pas à tous les besoins de l'assistance hospitalière. C'est le désir le plus vif des administrateurs d'y pourvoir d'une manière plus complète, surtout en provoquant l'établissement d'un service d'incurables, et leurs efforts seront assurés du succès, si la générosité publique ne leur fait point défaut (1).

Troyes, le 17 juillet 1874.

---

(1) Depuis que ces lignes ont été écrites, le vœu que nous formions en terminant est en voie de se réaliser. Le Conseil général de l'Aube, qui avait déjà créé deux lits d'incurables, en a fondé trois nouveaux dans sa session d'octobre 1874. L'Administration hospitalière s'occupe, depuis la même époque, de l'installation d'un local spécial pour les incurables dans les bâtiments de Saint-Nicolas. Aussi, nous espérons aujourd'hui plus que jamais que la bienfaisance publique et privée permettra de donner à un service si digne d'intérêt les accroissements nécessaires.

Extrait des Mémoires de la Société Académique de l'Aube

Tome XXXVIII. — 1874.